Ib 56 174

Ib 56 174

I0098395

CONTESTATION

TURCO-RUSSE

APPELÉE

DEVANT LA JUSTICE HUMAINE

PAR LE GOUVERNEMENT TURC.

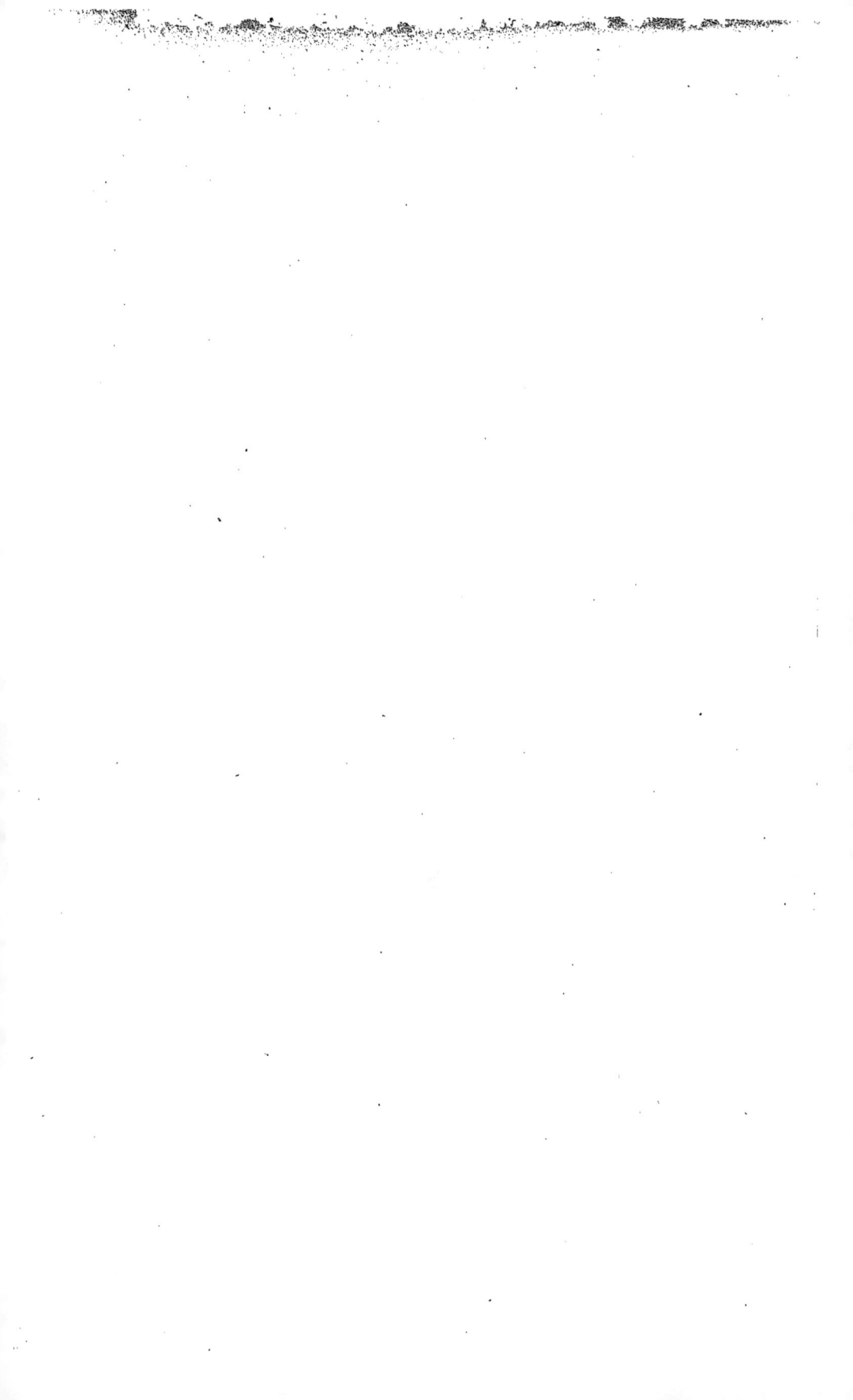

CONTESTATION

TURCO-RUSSE

APPELÉE

DEVANT LA JUSTICE HUMAINE

PAR LE GOUVERNEMENT TURC.

Sans justice, point d'ordre moral
ni social.

EVREUX,

CANU, IMPRIMEUR DE LA PRÉFECTURE,
RUE CHARTRAINE, 25.

—

1854.

La reproduction et la traduction sont interdites en France et à l'étranger sans la permission de l'auteur.

F. da Gama.

CONTESTATION

TURCO-RUSSE

APPELÉE

DEVANT LA JUSTICE HUMAINE

PAR LE GOUVERNEMENT TURC.

PLAINTE.

Vivement attaqué à diverses époques par les forces nombreuses de la Russie, le gouvernement de cet état puissant a constamment abusé de cet avantage pour démembrer la Turquie, la contraindre à consentir à des traités ayant pour but évident et actuellement avoué d'atténuer, de faire disparaître graduellement l'existence de l'empire ottoman qui, malgré l'infériorité numérique de ses soldats, lui a toujours résisté d'une manière héroïque.

Aujourd'hui plaignant, victime d'une nouvelle agression aussi injuste qu'inouïe, le gouvernement de Sa Majesté Impériale le sultan voyant douloureusement couler le sang de ses fidèles défenseurs sur le champ de bataille, exposé à voir verser celui de ses sincères, de ses généreux alliés pour la défense de ses droits légitimes que le gouvernement russe prétendait lui faire aliéner au mépris de sa souveraineté, de son indépendance et de l'intégrité du territoire ottoman.

Ce gouvernement russe qui annonce partout la paix et qui passe le Pruth, envahit à main armée deux provinces de l'empire turc, qui proclame hautement, qui déclare se tenir dans la défensive et détruit inopinément, corps et biens, une escadre turque paisiblement à l'ancre dans le port de Sinope, qui tout récemment franchit le Danube continuant une marche agressive sur le territoire ottoman. Ce même gouvernement poursuit avec un acharnement indicible l'invasion de la Turquie.

Le gouvernement turc vient en conséquence demander à la justice humaine d'élever sa voix puissante et de prononcer son opinion sur la moralité des faits assez généralement connus.

LA JUSTICE HUMAINE. — Mon devoir et la haute mission que je tiens de Dieu sur la terre m'y obligent.

Le gouvernement turc se retire laissant l'acte d'accusation à la justice humaine.

Le gouvernement russe est présent pour se défendre.

LA JUSTICE HUMAINE. — Vous êtes sans doute étonné, gouvernement russe, de vous voir appelé devant moi ?

LE GOUVERNEMENT RUSSE. — Bien au contraire, je m'y attendais.

D. — Me connaissez-vous ?

R. — Pas beaucoup.

D. — Comprenez-vous mon langage ?

R. — Difficilement.

D. — Professez-vous mes principes ?

R. — Un peu.

LA JUSTICE HUMAINE. — Eh bien ! d'après ce court dialogue votre conduite politique ne me surprend plus. Mais lorsque j'aurai le bonheur de vous faire connaître qui je *suis*, d'où je descends, les droits sacrés et éternels que je possède, je suis persuadée que vous me comprendrez parfaitement et que vous vous conformerez volontiers à mon autorité. Ma foi, je suis la souveraine du monde, le maintien des sociétés humaines, j'émane de la divine justice dont je suis la légation sur la terre et dérive immédiatement des sentiments d'équité, de raison, de rectitude intérieure que le tout-puissant Créateur a gravés dans l'âme humaine. Quant à mes droits ils sont *très-étendus*, très-nombreux, indispensables, de la plus *haute* importance dans une grande partie des actes, des rapports qui s'accomplissent parmi les humains. Sans ma présence *tous les traités*, toutes les conventions, tous les contrats, la souveraineté, le pouvoir, l'autorité manqueraient de bases, d'appui et ne pour-

raient ni être d'une longue durée, ni d'une loyale et facile
exécution.

L'absence du droit les rendrait contraires aux lois morales,
vu que le droit n'est autre chose que la faculté d'agir selon
les règles de la justice. Mon assistance est aussi nécessaire,
aussi indispensable dans les relations sociales qui s'exercent
au moyen des lois morales, que l'attraction, que la gravité
le sont aux divers phénomènes physiques, aux différentes
constructions matérielles. Je modère, je corrige le pouvoir,
la liberté individuelle en les remplaçant par le pouvoir, par
la liberté légale ou sociale; attendu que les hommes ont re-
connu, au moyen d'une longue expérience et par des faits
irréfragables, qu'ils ne pourraient vivre en société qu'à ces
dernières conditions. Mes sages principes se trouvent malheureusement trop souvent étouffés dans leur âme par l'effet de
déplorables passions. Je juge, je punis le crime, je récompense le talent, la vertu et le courage. C'est à moi que les
lois doivent leur origine, leur force et leur exécution. Le
pouvoir souverain ou légal se forme lui-même au moyen des
principes de justice qui, sortant de l'âme humaine, se concen-
trent et s'élèvent réunis pour former le dit pouvoir qui est placé
dans la personne du monarque, comme premier magistrat de
la nation, d'où ce pouvoir descend par les ministres d'état, par
les magistrats et en général par tous les agents du pouvoir
souverain, de l'autorité et de la force publique, se divisant
ainsi sur ceux-mêmes que l'on fournit. Tels sont en effet les
principaux attributs de la justice humaine et l'action prépondé-
rante et salutaire qu'elle exerce sur les sociétés humaines.
Voilà, en somme, le principe, l'origine de la souveraineté, du
pouvoir souverain, de l'autorité que tantôt on fait descendre
du ciel, tantôt monter de la terrre; ce qu'il y a de certain
c'est que ces principes viennent primitivement de Dieu, mais
par l'intermédiaire de l'homme qui les adapte à l'ordre, au
bien-être moral et social, comme il applique les principes
de physique à toutes les industries et à son bien-être matériel.

Maintenant que le gouvernement russe est sans doute con-
vaincu du droit que j'ai de juger ses actes, je passe à l'acte
d'accusation.

ACTE D'ACCUSATION.

C'est le 28 février 1853, au moment où l'ordre moral, à peine rétabli parmi les peuples, laissait encore cicatriser de cruelles blessures ; où d'héroïques, de courageux efforts ont su dompter l'hydre insurrectionnelle ; où enfin l'action combinée et bienfaisante de la science, de l'industrie, du commerce semblait rétablir et développer la vie dans le monde entier et réunir toutes les nations en une seule famille. C'est alors que le gouvernement russe, s'étant d'avance préparé dans l'ombre du mystère, se fait représenter à Constantinople auprès du sultan qui observait, qui exécutait fidèlement ses conventions envers la Russie, et, se servant d'astucieux prétextes, prétend dominer l'âme et la conscience de la moitié des sujets du sultan, dans l'espoir sans doute de disposer un peu plus tard de leur personne, réclame ces concessions au moyen de grossières menaces et de formes inconvenantes.

Le gouvernement turc, plein de modération et de sagesse, répond qu'il a constamment satisfait à toutes ses promesses, mais qu'il ne peut continuer de le faire que de la manière dont il les a toujours remplies sans compromettre l'autorité, la protection et l'influence morale que tout souverain doit exercer sur ses sujets. Cette décision ne convient nullement au gouvernement russe dont la légation se retire brusquement, et reçoit ensuite de celui-ci une éclatante approbation pour la conduite qu'elle a tenue auprès du sultan.

Pour donner une satisfaction à l'Europe étonnée de ces préparatifs, de ces sinistres desseins, de ces projets d'ambition, d'hypocrisie, de violence qui se trouvent aujourd'hui authentiquement démontrés, le gouvernement russe usurpe les principautés danubiennes, s'emparant ainsi d'une partie du territoire turc, au mépris des traités signés conjointement entre la France, l'Angleterre, la Prusse et l'Autriche, et d'un engagement personnel au moyen duquel il s'est rendu le garant, le protecteur de ces mêmes principautés.

Ce qu'il y a de plus remarquable dans cette triste, injuste et déplorable politique, c'est que le gouvernement russe, possédant tant de matière, déclare que c'est une garantie matérielle qu'il lui faut de la part de la Turquie, afin de la contraindre à lui laisser faire tout ce que le despotisme le plus odieux peut suggérer. Tout cela n'est que de la paix, disait le gouvernement russe à toute l'Europe, je n'abandonnerai pas la défensive.

Ainsi c'est toujours le droit du plus fort que le gouvernement russe prétend faire triompher. Si ce principe pouvait être adopté, quand on voudra obtenir de quelqu'un plus faible que nous une chose qui nous convient, il faudra commencer par s'armer, aller chez lui, la lui demander d'autorité, et, en cas de refus, s'emparer de quelques objets faisant partie de sa propriété, jusqu'à ce qu'il nous donne ce qu'il peut légitimement nous refuser. Voilà sans doute un article du code russe.

Enfin, craignant de voir entrer une telle paix, une telle défensive à Constantinople, le gouvernement turc se trouva contraint à leur déclarer la guerre. Au moment où la Turquie faisait ses dispositions un amiral russe jugea à propos de détruire inopinément, corps et biens, une flottille turque tranquillement à l'ancre dans le port de Sinope. Cet acte de perfidie a été approuvé, fêté à Saint-Pétersbourg, et exécuté en défiant des forces navales anglo-françaises, qui se trouvaient dans ces parages. C'étaient précisément les forces de ceux à qui leurs engagements solidaires avec la Prusse et l'Autriche, l'honneur et le devoir commandaient hautement de soutenir les droits de la Turquie contre l'agression et la provocation du gouvernement russe.

La justice humaine, passant à l'interrogatoire, demande à l'accusé de prêter serment selon cette formule :

Le gouvernement russe. — La main sur le cœur, devant Dieu, mon tout-puissant Créateur, je jure de dire toute la vérité.

La justice humaine. — N'avez-vous pas envoyé, le 28 février 1853, un ambassadeur extraordinaire auprès du gouvernement turc?

R. — Oui.

D. — Que prétendiez-vous du gouvernement turc?

R. — Je voulais qu'il contractât envers moi un engagement politique en forme de protocole, me garantissant des droits, des privilèges, des immunités dont je prétendais faire jouir mes coreligionnaires turcs, sujets du sultan.

LA JUSTICE HUMAINE. — Changez maintenant les positions. Si la moitié des Russes professait la religion mahométane, et que le gouvernement turc voulût diriger leurs âmes, leurs consciences, vous extorquer des immunités, des privilèges pour ses coreligionnaires russes, que diriez-vous?

LE GOUVERNEMENT RUSSE. — Je dirais que quand on dirige la conscience, l'âme de quelqu'un, et se constituant ainsi son protecteur ascétique, on est bientôt maître de son corps; que de cette manière le gouvernement turc pourrait soustraire facilement à la protection, à l'influence morale du gouvernement russe, la moitié de ses sujets. Je dirais plus, je dirais que, dans une circonstance donnée, cette partie de la nation russe pourrait compromettre l'autorité du souverain russe et l'indépendance du pays au profit de la protection religieuse turque.

LA JUSTICE HUMAINE. — Vous refuseriez donc d'accorder au gouvernement turc de semblables concessions, les regardant sans doute comme humiliantes, incompatibles avec la souveraineté, l'autorité, l'indépendance du gouvernement russe?

LE GOUVERNEMENT RUSSE. — Oui, certainement.

LA JUSTICE HUMAINE. — Et si le gouvernement turc violait votre territoire en en usurpant une partie en conséquence de votre refus, que feriez-vous?

LE GOUVERNEMENT RUSSE. — Je lui déclarerais immédiatement la guerre.

LA JUSTICE HUMAINE. — Eh bien! gouvernement russe, pourquoi voudriez-vous agir aussi injustement envers le gouvernement turc prétendant dominer sur la moitié de ses sujets, tandis que vous n'admettriez pas qu'il en fût ainsi chez vous? Vous le voyez, gouvernement russe, vous voulez violer mes principes sans vouloir tolérer, sans permettre qu'un gouvernement étranger et indépendant du vôtre exerce de pareils actes dans votre pays. Vous voudriez donc que l'on fût juste à votre égard, et vous prétendez être injuste envers les autres, cela n'est pas bien de votre part.

LE GOUVERNEMENT RUSSE. — Il y a une circonstance qui me semble établir mon droit.

LA JUSTICE HUMAINE. — Laquelle ? Il faut cependant que je vous observe qu'il n'existe pas de droit contre les principes de la justice.

LE GOUVERNEMENT RUSSE. — C'est que la Russie est bien plus grande que la Turquie ; que les Russes sont très-nombreux, ce qui m'a procuré l'avantage de gagner quelques batailles contre les Turcs. Alors j'ai profité de l'occasion pour leur extorquer des traités par lesquels j'ai obtenu certains ports maritimes, différents pays qui me convenaient beaucoup, ainsi que plusieurs promesses de privilèges et immunités pour mes coreligionnaires que le gouvernement turc a constamment exécutés. En ce moment je croyais être en mesure d'en faire autant et même un peu plus, si faire se peut, car depuis plusieurs années je faisais des dispositions et des préparatifs à cet effet. Aussi proposai-je aux puissances occidentales de me laisser faire seul avec les Turcs, persuadé que j'étais que la grande supériorité de mes forces matérielles satisferait bientôt mon ambition.

LA JUSTICE HUMAINE. — Gouvernement russe, je m'aperçois avec satisfaction de la vérité de vos aveux devant la justice humaine ; mais il faut que je vous annonce, que je vous déclare que le droit que vous prétendez faire valoir devant elle est un droit complètement nul, parce qu'il s'appuie uniquement sur la force matérielle contre les règles de la justice et de l'humanité. C'est le droit, ou pour mieux dire, c'est le triste avantage de l'oppresseur, du tyran, de l'agresseur qui est fort sur sa malheureuse victime. Ce sont précisément les actes que la justice humaine réprouve et condamne rigoureusement. On ne doit jamais chercher à se procurer, à obtenir ce qui peut nous être utile qu'au moyen de son vrai droit.

LE GOUVERNEMENT RUSSE. — Je n'ai rien à dire à cela.

LA JUSTICE HUMAINE. — N'aviez-vous pas quelques arrière-pensées en voulant extorquer au gouvernement turc des concessions religieuses, formulées en protocole, pour vos coreligionnaires turcs.

LE GOUVERNEMENT RUSSE. — Non.

LA JUSTICE HUMAINE. — Cependant il est notoire que des pièces authentiques, produites par le cabinet anglais, feraient voir des desseins bien arrêtés de votre part de vous emparer de la Turquie ou du moins d'une grande partie de cet empire.

LE GOUVERNEMENT RUSSE. — Je ne pourrais pas vous répondre à ce sujet.

LA JUSTICE HUMAINE. — Eh bien ! gouvernement russe, vous devriez mieux connaître, mieux apprécier les deux gouvernements français et britannique, qui sont sages, prudents, humains, mais aussi bons comme amis que redoutables comme ennemis. C'est une avant-garde terrible qui marche contre vos forces considérables que la publication de ces documents diplomatiques, qui appuiera fortement le canon des puissances qui se sont alliées pour contenir votre ambition, votre orgueil excessif dont les conséquences désastreuses pourraient devenir fatales à l'humanité. Ce sera une occasion de savoir qu'on ne doit pas rompre si facilement, si brusquement, avec des anciens amis. Quant à ce qui concerne vos demandes religieuses, vous n'aviez pas besoin de faire verser tant de sang à l'humanité. Le gouvernement turc prend en ce moment toutes les mesures nécessaires et conformes à l'état de civilisation actuelle des peuples européens, pour accorder, mais volontairement et de son propre chef, à tous ses sujets en général, les droits sociaux consacrés par la justice et l'équité ; droits qui seront, comme ils doivent l'être, égaux pour tous les Turcs devant le souverain, devant la justice, devant les lois et l'administration.

En supposant qu'il n'existe pas une hypocrisie dans vos injustes exigences religieuses à l'égard du gouvernement turc, en faveur du nombre de ses sujets qui professent le schisme grec, la justice humaine vous rappelle qu'un culte vrai et général a lieu et s'exerce dans le monde entier, partout où se trouvent des êtres intelligents, pensants et raisonnables, même par les plus simples et les moins intelligents. Ce culte est celui qui élève l'âme humaine, pleine de respect, d'amour, de reconnaissance, vers son Tout-Puissant, tout juste, tout miséricordieux Créateur, rendant l'adoration qui lui est due, et attendant humblement de sa divine justice, dans le présent comme dans l'avenir, le juste châtiment de ses fautes ou la miséricordieuse récompense de ses œuvres.

Hors de cette foi, hors de ce dogme naturel et primitif, il n'y a pas de religion possible. Dieu est de tous les pays, de tous les peuples, de toutes les religions. Tous ces massacres, toutes ces misères, tous ces désastres que la guerre amène et que l'on ordonne dans le but absurde de forcer tel peuple à suivre tel ou tel culte religieux et que l'on fait exécuter au nom sacré d'un Dieu créateur, d'un Dieu de miséricorde, qui certes n'a nullement besoin ni de vos sabres, ni de vos canons, pour être glorifié par des hommes sur l'existence physique et psycologique desquels vous n'avez aucune autorité, aucun commandement, sont réputés maintenant, par les progrès de la civilisation, crimes de lèse-humanité, qui doivent peser terriblement sur l'âme et la conscience de celui qui les provoque obstinément.

N'aviez-vous pas violé le territoire turc en usurpant, en vous emparant des principautés danubiennes que la Turquie, d'accord avec ses alliés, avait mises précisément sous votre protection?

Le gouvernement russe. — Oui, le fait est réel; mais j'ai donné à l'Europe toutes les explications nécessaires.

La justice humaine. — Quelles sont ces explications?

Le gouvernement russe. — J'ai déclaré à toutes les puissances que le gouvernement russe possédait assez de territoire et qu'il ne prétendait pas faire des conquêtes; que l'invasion et l'occupation des provinces, dont il s'agit, n'était qu'une garantie matérielle pour appuyer mes prétentions auprès du gouvernement turc; que cette occupation n'en devait point être réputée par les quatre puissances alliées comme une déclaration de guerre; que le gouvernement russe désire rester en paix, se maintenir dans la défensive; mais que la question avait pris un autre aspect à la vue des appréhensions des alliés de la Turquie, et surtout à l'apparition des flottes françaises et anglaises; ce qui a contrarié beaucoup le gouvernement russe, car autrement les choses se seraient passées fort tranquillement.

On se serait distrait sur les bords du Danube, on serait même allé jusqu'à Constantinople, si on eût jugé convenable, sans faire de bruit, ni brûler une amorce. Mais malheureusement les démonstrations des autres puissances, surtout de la France et de l'Angleterre, qui possèdent des moyens d'action plus prompts et plus faciles, ont encouragé les Turcs, les ont déterminés à me déclarer la guerre.

La justice humaine. — Ne vous a-t-on pas proposé d'évacuer

les provinces danubiennes avec la clause que la flotte anglo-française se retirerait et que l'on négocierait ensuite diplomatiquement?

Le GOUVERNEMENT RUSSE. Oui, mais j'ai préféré négocier selon mon habitude, moyennant ma paix et ma défensive. Avec elles j'ai déjà franchi le Pruth, passé le Danube; j'ai fait pas mal de chemin et mes affaires prennent une bonne tournure, du moins je le crois.

La JUSTICE HUMAINE. — Je ne peux pas vous dissimuler mon étonnement en voyant un gouvernement tel que le vôtre, gouvernement russe, composé d'hommes d'esprit et instruits, se laisser fasciner par un orgueil et une légèreté qui sont évidents, qui sont remarquables dans tous ses actes, dans toutes ses discussions, au sujet de cette triste, de cette déplorable question d'Orient.

Et on s'aperçoit que vous pouvez compromettre, pour le présent et pour la postérité, au moyen de vos illusions, de vos sophismes, de vos injustices politiques, l'affection et les sympathies que les autres peuples portent à la nation russe, et que celle-ci a toujours consacrées à ses augustes souverains.

Le gouvernement turc ayant rempli loyalement avec vous ses promesses faites par les traités, vous n'aviez rien autre chose à exiger de lui, et cependant vous vous êtes emparé d'une partie du territoire turc, parce qu'il n'a pas voulu adhérer à une prétention réputée, par le bon sens européen, inadmissible. En justice on obtient ordinairement des droits pour avoir des garanties, mais le gouvernement russe usurpe les garanties avant d'avoir des droits.

Des traités, des conventions authentiques, en date du 13 juillet 1841, existent entre les grandes puissances alliées, par lesquels elles se sont engagées à maintenir la souveraineté, l'indépendance et l'intégrité de l'empire ottoman ; vous, gouvernement russe, vous avez violé ces conditions. Cette violation est notoire ; le fait est là. Alors il ne faut pas vous plaindre si les nations alliées, appelées par le gouvernement turc à son secours, conformément aux traités qui les obligent à sa défense, agissent selon leur devoir, comme dépositaires, comme sentinelles des droits de la Turquie, qu'elles ont garantis, et qu'elles sont forcées sur leur honneur de défendre et de conserver ; et comme agresseur, gardant opiniâtrément la propriété d'autrui. C'est sur vous que pèse la responsabilité de tous les maux que la guerre occasionnera.

Au surplus, quel honneur, quelle dignité y a-t-il à persister dans des illusions aussi funestes ?

Oui, gouvernement russe, souvenez - vous que dans une telle cause, dans une lutte aussi injuste, aussi inhumaine, l'agresseur est toujours vaincu, malgré ses triomphes et même au milieu de ses trophées.

Vous vous êtes mépris, gouvernement russe, nous ne sommes plus dans les temps anciens ; les principes de justice sont généralement trop bien appréciés pour que de pareils actes puissent échapper inaperçus aujourd'hui. Vous vous plaignez amèrement de la France et de l'Angleterre, sans parler de l'Autriche et de la Prusse, voulant les ménager à dessein ; mais si les deux puissances maritimes se montrent les premières opposées à vos projets, c'est qu'elles ont, comme nous l'avons dit, des moyens d'action plus prompts. Et, soyez-en persuadé, que l'Autriche et la Prusse ne manqueront pas à leurs engagements, à leur honneur, à leur devoir et à leur intérêt. Ces deux puissances, où le sentiment moral prédomine, ne déserteront pas lâchement la cause de la justice et de l'humanité.

On parle d'amitié, de gratitude de la part de l'Autriche ; des liens de famille de la Prusse. Toutes ces affections particulières ne doivent nullement altérer, ni même modifier les principes de justice, les droits sacrés et les intérêts des sujets de ces deux grandes nations que leurs souverains doivent défendre et protéger.

Analysons maintenant en deux mots cette reconnaissance que l'on impose à l'Autriche envers le gouvernement russe. Celui-ci a envoyé, en effet, une armée en Hongrie pour arrêter l'insurrection dans ce pays : c'est un service rendu ; mais il faut le dire, la Russie voyait le feu à sa porte, venant de chez le voisin ; elle a donc préféré aller l'éteindre chez lui que de le laisser pénétrer dans ses propriétés. Comme on le voit, l'intérêt particulier y est pour beaucoup, sinon pour tout. Au surplus, l'Autriche n'était pas sans ressources ; elle s'est noblement, courageusement défendue, et a soumis l'insurrection. La justice humaine approuve hautement les sentiments de reconnaissance, mais elle défend qu'ils soient exercés au mépris de ses principes, au préjudice des tiers, de l'honneur et de la dignité personnelle.

Il existe une autre gratitude envers une action autrement grande, autrement glorieuse ; c'est la gratitude qui est si justement due à Napoléon III et à son gouvernement. Il était là avec un courage surhumain, le souverain modèle, le monarque sublime qui tient aujourd'hui entre ses mains augustes les destinées de la France, et qui mérite à tant de titres précieux la sincère et entière confiance de la nation. Il était là avec son héroïque, avec son intrépide gouvernement dans la nuit à jamais mémorable du 2 décembre 1851, la plume à la main, les armes au côté, pour sauver l'humanité, revendiquer ses droits méconnus, conjurant ainsi l'horrible catastrophe qui devait anéantir la société humaine en détruisant les principes de justice, vrais liens sociaux, seul moyen de civilisation, de prospérité, de bien-être moral et matériel. Oui, en parlant de la France, on doit se rapporter à toute l'humanité, vu l'influence, la sympathie, la force morale qu'elle exerce sur tous les peuples, ainsi que l'ont indubitablement prouvé tant de récents évènements.

Dans cette conjoncture solennelle et dans bien d'autres circonstances les Français se sont grandement, noblement justifiés de la légèreté que l'on prétendait remarquer dans leur caractère. Le constant attachement qu'ils ont manifesté en tous temps, en diverses occasions, et qu'ils consacrent toujours à l'auguste dynastie de Napoléon, et aujourd'hui au gouvernement juste, sage et humain de Sa Majesté Impériale Napoléon III, prouve irrévocablement combien cette grande nation est reconnaissante, est sensible aux bienfaits et invariable dans son choix, dans son respect, dans son amour, quand ils sont mérités et acquis par des vertus sublimes, par des actions héroïques.

Sans le courage, sans l'énergie prévoyante du gouvernement français c'est les armes à la main que des prétendus électeurs devaient se présenter, au mois de mai 1852, pour élire un président de leur faction. Les vrais électeurs entraînés de force par les anarchistes auraient sans doute succombé dans cette déplorable entreprise, et le triomphe de la mauvaise cause eût infailliblement précipité la France et l'Europe dans toutes les horreurs de l'anarchie.

Vous voyez, gouvernement russe, la différence immense qui existe entre la conduite du gouvernement français et la vôtre.

L'un au péril de la vie, de la liberté personnelle, s'expose généreusement au plus grand danger pour rétablir en France et en Europe l'ordre, la paix et la prospérité; l'autre, au contraire, creusant le gouffre où il semble vouloir avec une obstination inexplicable engloutir l'espèce humaine.

Ne vous êtes-vous pas plaint de l'hostilité déguisée que les gouvernements de France et de Grande-Bretagne ont manifestée à votre égard?

Le gouvernement russe. — Oui.

La justice humaine. — Jamais on n'a vu une allégation aussi injuste, aussi mal fondée. Les gouvernements de ces deux grandes puissances ont au contraire donné dans la question actuelle d'Orient les preuves les moins équivoques, les plus évidentes de loyauté, de sagesse, de modération, de prudence, malgré les défis, les provocations que le gouvernement russe a souvent employés en diverses circonstances. Ils ont épuisé directement et indirectement tous les moyens compatibles avec leur honneur et la haute position que ces deux grandes puissances occupent dans le monde pour éviter les malheurs et les horreurs de la guerre dont l'Europe en ce moment subit les désastreuses conséquences. Aussi la France et l'Angleterre sont tellement convaincues de ces vérités que les habitants de ces deux pays s'offrent volontairement et avec enthousiasme à faire toutes sortes de sacrifices pour la défense des droits sacrés de la justice et de l'humanité.

Sachez que la France et l'Angleterre aiment à conserver leur honneur, leur dignité, leurs intérêts; mais elles le font toujours avec justice, avec loyauté, avec humanité.

N'avez-vous pas prétendu que le gouvernement de la Grande-Bretagne était mal renseigné par ses agents dans certaines affaires intérieures de la Turquie?

Le gouvernement russe. — Oui.

LA JUSTICE HUMAINE. — Je sais que le contraire a lieu. C'est probablement plutôt le cabinet de Saint-Pétersbourg qui est mal informé, car toutes les fausses nouvelles qu'on publie si souvent dans cette capitale et qui sont si fatalement accréditées, relativement à ce qui se passe dans l'intérieur de la Turquie, concernant surtout des affaires religieuses, paraîtraient faites à dessein pour exaspérer les Russes contre les Turcs.

Quant aux agents britanniques, tout le monde sait que jamais un Anglais n'a trahi son gouvernement; que bien au contraire partout où la Grande-Bretagne a un agent, son gouvernement a un sujet fidèle, la patrie un ami sincère et loyal, un défenseur, un serviteur dévoué.

ARRÊT DE LA JUSTICE HUMAINE.

1° Considérant qu'il résulte de l'acte d'accusation, dont les faits mentionnés sont notoires, et de l'interrogatoire qui l'a suivi, que le gouvernement russe a été constamment agresseur envers la Turquie, qu'il a attaquée à diverses époques, profitant toujours de l'infériorité des forces numériques de cet empire, pour l'attaquer injustement dans le but unique de l'asservir, de la mutiler, de lui imposer des traités humiliants et incompatibles avec sa souveraineté et son indépendance, avec le dessein avoué d'annuler son existence politique.

2° Considérant que tout emploi de la force matérielle contre le droit, contre les principes de la justice, est un crime exécrable et odieux; que cette force au contraire ne doit jamais être exercée que pour faire valoir, pour appuyer et faire triompher le droit et la justice; maximes qui paraissent être en ce moment entièrement oubliées par le gouvernement russe.

3° Attendu qu'il ne dépendait que du gouvernement russe de laisser subsister la paix que d'autres gouvernements avaient tout récemment rétablie au prix d'immenses sacrifices, et que son orgueil, son ambition excessive ont entièrement détruite en refusant avec une opiniâtreté inexplicable les justes, les humaines propositions qui lui ont été offertes, persistant ainsi dans une erreur, dans une faute politique, insoutenable et dont les conséquences peuvent devenir si désastreuses pour l'humanité.

Pour tous ces motifs, pour tous ces faits qui se trouvent irréfragablement prouvés, la justice humaine condamne le gouvernement russe, tant qu'il persistera dans un système d'agression aussi injuste qu'obstiné, à la responsabilité de tous les malheurs, de toutes les pertes, de tous les dommages, de toutes les victimes que la guerre actuelle occasionnera à l'humanité.

Déclare complices du gouvernement russe les peuples qui prendraient part aux erreurs, aux fautes si graves dont il donne en ce moment le plus triste spectacle.

Applaudira énergiquement les nations qui, selon leurs moyens de force, se joindront à la défense de la sainte cause, de la justice et de l'humanité.

Laisse au gouvernement turc, selon toutes les règles du droit, la liberté d'annuler les traités qui lui ont été extorqués par le gouvernement russe. Ces traités n'étant évidemment obtenus que par l'agression, la force, la violence du plus fort contre les droits légitimes du gouvernement turc.

La justice humaine exprime en conséquence les vœux que l'aigle hardi et vorace rende promptement les proies que son vol audacieux a fait tomber du croissant.

La justice humaine, après avoir rendu son jugement, déclare, proclame hautement toute sa satisfaction, toute son approbation pour la conduite magnanime de S. M. I. le sultan, ainsi que pour les généreux sentiments de concorde et de loyale coopération de ses augustes alliés.

Rend louange éternelle à l'honneur, au courage, au patriotisme des troupes ottomanes.

Souhaite ardemment que la devise de l'armée turque soit désormais : Dieu, justice et courage.

430

www.ingramcontent.com/pod-product-compliance
Lightning Source LLC
Chambersburg PA
CBHW061801040426
42447CB00011B/2409